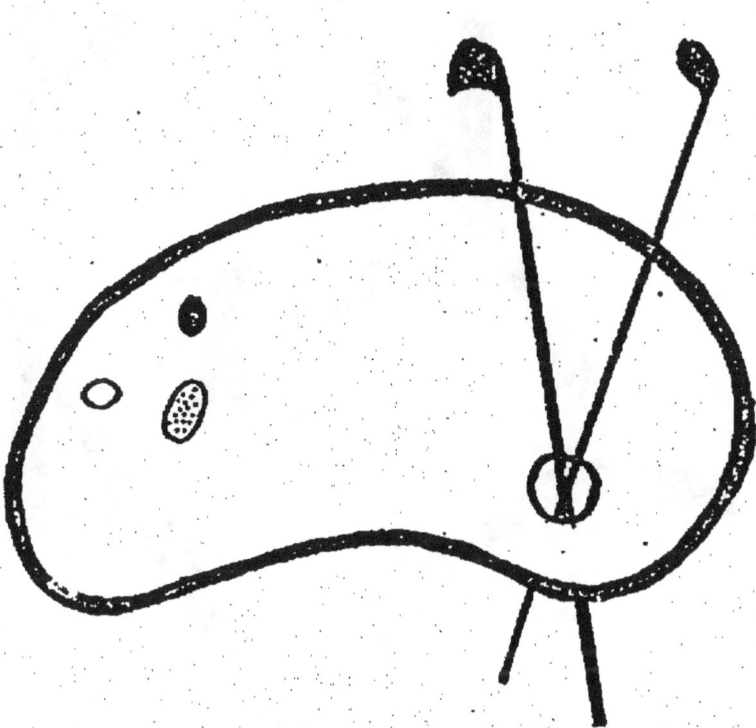

DEBUT D'UNE SERIE DE DOCUMENTS
EN COULEUR

Couverture inférieure manquante

Stéphen d'Arve

Le Vœu de la Peste

à Noves

ET LA

PROCESSION HISTORIQUE

1721-1722

Documents, Impressions et Souvenirs

AIX

IMPRIMERIE J. NICOT, RUE DU LOUVRE, 16

1898

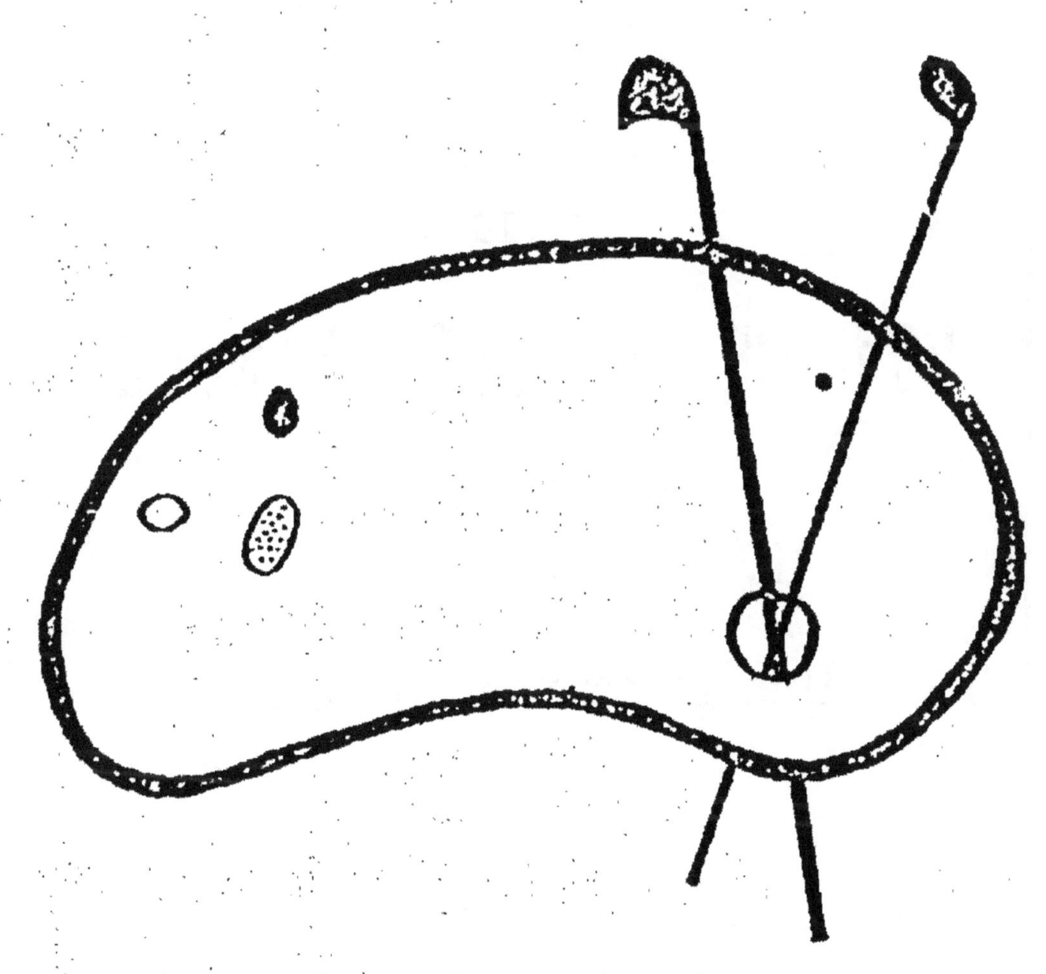

FIN D'UNE SÉRIE DE DOCUMENTS
EN COULEUR

Stephen d'Arve

LE

VŒU DE LA PESTE A NOVES

1720-1721

Une Procession Historique

❧

Documents, Impressions et Souvenirs

❧

AIX

IMPRIMERIE J. NICOT, RUE DU LOUVRE, 16

1898

Le Vœu de la Peste à Noves

1720-1721

Une Procession Historique

L'épouvantable fléau qui avait décimé la ville de Marseille en 1720 continuait implacablement ses ravages dans les grands et petits centres de la haute et basse Provence pendant l'année suivante.

La ville de Noves opposa vainement au fléau dévastateur sa coquette ceinture de rempart, ses six portes blindées de ferronnerie artistique et la salubrité de son climat fécondé par la Durance. C'est dans ses murs que succombèrent les dernières victimes de la région.

Le tribut fut cruel, car en moins de deux mois la population de l'époque fournit sur 1,2.8 habitants, 146 victimes.

Il n'est pas inutile de feuilleter après bientôt deux cents ans les documents historiques qui nous remettront sous les yeux ces deux années de l'immense deuil subi par nos ancêtres. L'historien Papon nous en a transmis l'épouvantable statistique. Ouvrons ce nécrologe pour en extraire quelques chiffres.

A Toulon, dans le courant des trois mois de mai, juin et juillet, le fléau enlevait sur une population de 22,000 âmes, 13,160 victimes.

A Arles, l'ossuaire est relativement plus monstrueux : sur 12,000 âmes, 8,110 décès.

A Aix, sur 24,000 âmes, 7,534 décès.

A Berre, sur 2,000 âmes, 1,071 décès, plus de la moitié.

A Auriol, sur 3,200 âmes, 1,595 décès, la moitié encore.

A Martigues, sur 6,000 âmes, 2,150 décès.

Mais plus horrible encore, dans des villages de moindre importance.

A la Valette près Toulon, le fléau ne

laisse à une commune de 1,660 âmes
que 465 survivants.

Au Revest, il prélève 465 victimes
sur 650 habitants.

A Rognac, 243 sur 370.

On croit rêver en tournant les feuillets de cet épouvantable nécrologe !
Nous n'en avons relevé que les chiffres les plus saillants avant d'aborder
l'histoire spéciale de la Peste à Noves,
dont nous avons à relater les très curieuses particularités et cette lugubre
préface était indispensable au récit des
faits suivants.

.˙.

Nous assistions le lundi 6 septembre, à Noves, à une procession dite du
Vœu de la Peste, mais avant de décrire toutes les phases de cette imposante manifestation, témoignage permanent de la fidélité de ce peuple aux
religieuses traditions de ses ancêtres,
nous avons voulu rechercher la genèse de cette fondation bientôt deux
fois centenaire et c'est une bien précieuse collection de documents authentiques que nous avons la satisfaction
de mettre sous les yeux des croyants

sans preuves, aussi bien que sous ceux des délicats qui recherchent, avec raison nous nous plaisons à le reconnaître, le pourquoi de toutes choses.

Le premier décès dû au virus du bubon pestilentiel à Noves était constaté le 6 août 1721. L'édilité locale ne manqua pas de s'émouvoir et constituait peu de jours après, un bureau dit de *santé* qui ordonna et mit en vigueur les plus sages et les plus hygiéniques précautions pour les opposer à la marche redoutable du fléau. Nous trouvons les preuves de ce zèle intelligent dans l'état général des emprunts et des sommes payées par la commune, un document qui ne contient pas moins de 170 pages : emprunts de blé, de foin, de paille, d'avoine, d'argent et de... linceuils !

Le plus curieux de ces documents est celui qui a trait aux achats de remèdes ; nous le transcrivons dans toute son originalité et sa très primitive orthographe.

Folio B, pour achat de *terbentine*, de baume Darceux, de *hiacinthe*, de plomb, de *salpaitre*, un quintal de parfums violents, un baril de poudre à canon de 120 livres, eau de cannelle, eau de fleurs d'orange, tabac et pipes, *poy* résine, souffre, encens, sandaraque, *poy* noire, huile de cade, thériaque, le *chardon bénit* (?) et enfin de la poudre de vipères !

Quelques articles de cette étrange pharmacopée, le dernier surtout, pourront éveiller chez nos médecins modernes de gais sourires, mais nous ne pouvons oublier qu'il y a moins d'un siècle, on pouvait trouver encore dans plus d'une officine ces articles fort préconisés par les disciples d'Esculape les plus respectables. Combien de panacées de nos jours feront rire nos petits-neveux !

Les ravages du fléau deviennent foudroyants à partir du 16 août, dix jours après le premier cas, et nous allons faire appel à un document bien authentique pour les constater. Ce sont les trois pages du registre de l'état civil tenu par le vicaire perpétuel de Noves, — c'est le titre que portaient avant le Concordat les desservants des paroisses qui n'étaient pas des doyennés.

Messire Deville, c'est le nom du vicaire rédacteur, accompagne de quelques notes rapides mais touchantes, ces lugubres constatations ; nous en relèverons quelques-unes.

« Le 16 août, décès de Marguerite Berrud, femme d'Antoine Philis et la fille dont elle est accouchée avant de mourir, celle-ci ondoyée par le sieur Marc Berrud. »

Le bon prêtre prend soin de constater que ce petit cadavre qui avait probablement respiré, a pu recevoir son céleste passeport.

« Ledit jour Marguerite Ricard, femme d'Antoine Martin, et deux de ses enfants.

« Ledit jour Anne Ricard décédée subitement aux aires ; et en note : confessée le jour de l'Assomption. » C'était la veille ; le rédacteur le constate pieusement.

Les journées du 17 et du 18 août ne portent pas d'annotations mais elles constatent encore quinze décès pour la première journée et huit pour la seconde ; dans le nombre, seize femmes et six enfants. Jusqu'à cette date le sexe viril semble résister mieux aux attaques du fléau, la proportion se maintiendra et nous verrons à l'addition totale que les décès masculins furent de moitié moindres que les autres.

La ville se dépeuple, les habitants qui pouvaient se réfugier à la campagne, dans un mas, se hâtaient de fuir l'air pestilentiel ou allaient simplement camper sur les aires. Nous avons vu par le registre du vicaire que le fléau n'épargnait pas plus ceux qui le fuyaient que ceux qui attendaient plus stoïquement la mort sur le seuil de leurs demeures.

La commission du bureau de santé ne ralentit pas son zèle et décide la création d'infirmeries établies dans un vaste baraquement au quartier des Vergers, et le document nous donne les noms des employés appelés à les desservir. Ce sont de vrais titres de noblesse pour les familles qui retrouveront des ancêtres, parmi ces courageux citoyens ; nous devons à cet égard les reproduire.

Note A, pièces justificatives, page 39.

Le bureau de santé ne négligeait pas plus les isolés volontaires et les faisait visiter dans leurs divers campe-

ments car nous trouvons dans le mémoire communal la mention de l'arrivée du sieur Audibert, chirurgien de
Saint-Remy, à la date du 22 août, dé-
légué comme médecin de la campagne.

Le bureau fit aussi appel au gouver-
nement ; un acte de réception et reconnaissance d'un secours de 3,225 livres
envoyés par le Duc d'Orléans, figure
dans les documents communaux.

Un chirurgien-major, le sieur Mallot,
est député par Sa Majesté pour soigner
les malades des infirmeries. Ce chirurgien avait qualité pour recevoir les testaments des moribonds et le notaire
local les enregistrait après décès dans
son protocole.

Les précautions prises par le notaire
local Me Autard sont assez curieuses
pour trouver ici leur place.

Les testateurs étaient invités à venir
avec leurs témoins devant la porte
Notre-Dame et devaient rester à une
distance de cinquante pas pour expri-
mer à haute voix leurs dernières volontés, crainte, disait le protocole, que
la contagion ne pût se produire par les
haleines ou le contact des mains sur
les registres. *Note B, page 39.*

Ce prudent notaire prouva par sa survivance au fléau que ces précautions n'étaient pas inutiles.

****

Si les pieux dévouements de charité chrétienne ne perdaient pas leurs droits dans cette épouvantable crise, la faiblesse humaine conservait des adeptes. Nous en trouvons la preuve dans le même registre à la date du 17 août.

Le comité de santé avait créé des escouades de *parfumeurs* ; c'est le nom donné alors à ceux qui avaient mission de désinfecter les habitations contaminées à l'aide de substances chimiques bien rudimentaires ou simplement de les badigeonner au lait de chaux.

Les frères Martin, Pierre et Dominique employés dans cette escouade, ayant été envoyés pour désinfecter la maison de la *vefve* (veuve) Feriaud qui était aux infirmeries « *ont esté descouverts d'avoir volé des linges ; ils ont tiré le sort pour, l'un deux, être fusillé, le sort est tombé sur Dominique lequel a été fusillé le 29 novembre et, le même jour, son frère Pierre a esté mis en prison* ».

Bien sommaire et très draconienne la justice des bons Novains à cette époque. Les deux frères étaient, sans doute également coupables, mais leurs juges trouvèrent que c'était assez d'en fusiller un, en s'en rapportant au sort pour le désigner. Singulière application des circonstances atténuantes, par la division entre deux têtes du maximum de la peine.

Nos magistrats modernes pourraient trouver que c'était peut-être porter un peu haut le respect de la propriété et payer un peu cher les chemises et les draps de la veuve Feriaud.

Mais l'exemple ! et quelle intégrité de mœurs !

Détail non moins curieux : un autre article des archives nous apprend que Dominique Martin, le condamné, avait déjà le germe du mal quand il perpétra son forfait, ce qui lui valut deux mois de plus d'existence car il alla rejoindre la veuve Feriaud aux infirmeries dont il ne sortit guéri, le 28 octobre, que pour aller, le même jour, offrir bravement sa poitrine au peloton de soldats commandé pour son exécution. N'eût-il pas mieux valu qu'il mourût de la peste?

Ce terrible exemple fut suffisant car nous ne retrouvons heureusement que ce fait si sévèrement réprimé.

Nous ne voyons une autre trace de délit quelconque que dans un article du mémoire général des comptes où nous lisons : « Le 8 septembre : payé une bouteille de vin que le sieur Ricard pourvoyeur a donnée aux gardes qui gardaient le sieur Galopin en prison. »

La note n'est pas plus explicite. Quel délit pouvait bien avoir commis ce coupable au nom prédestiné? Ce n'était évidemment pas très grave pour qu'il ait pu éviter d'être... fusillé.

*
* *

Continuons à dépouiller chronologiquement les funèbres archives.

Le 20 août, mort du frère Joseph Vachet, ermite.

Le 22, quatorze décès sont inscrits, cinq hommes, six femmes, trois enfants et dans les premiers noms on lit : André, *le courbeau*. Il est utile d'expliquer que ce nom n'est point patronymique ; c'est ou c'était à l'époque le surnom donné aux fossoyeurs de village. Macabre mais très énergique traduction de la profession : Courbeau ou corbeau, mangeur ou enleveur de cadavres ; le *croque-mort*, de nos jours, n'est pas plus raffiné comme style.

Le 23, un répit dans le chiffre des décès, — une seule femme — rend un peu d'espérance.

Le 24, trois hommes et deux enfants ; mais le 25 cruelle reprise et la qualité d'une des victimes vient redoubler la consternation ; c'est le sieur Denis Rousset, maître chirurgien, premier consul de Noves qui succombe à son dévouement auprès de ses administrés. Il n'y a pas de note mais on peut deviner l'effet produit par la disparition du médecin qui était en même temps le premier magistrat de la cité.

Le même jour le registre accuse la mort d'un autre *courbeau*. Les morts qu'on ne peut plus inhumer deviennent la plus cruelle menace des vivants. Le comité jette un cri de détresse aux pays voisins : il est entendu et nous en avons comme preuve les arrivées signalées au registre de la commune : « Le 20 août, arrivée des sieurs Jacques et Pierre Daillan envoyés comme *courbeaux* de la ville d'Arles ; id. de Marguerite David et de Anne Mounestière de la ville d'Apt. »

Ces deux renforts féminins, pour une besogne aussi répugnante que périlleuse, étaient-ils inspirés par la charité chrétienne ou par l'appât d'un salaire exceptionnel ? Nous en avons vainement recherché les mobiles, mais nous savons, par une note du registre, qu'on avait déjà accepté pour la même besogne une bohémienne qui n'était pas, celle-là, susceptible de ces pieux sentiments.

Le 22 août, autre arrivée du sieur Lilamant, de Saint-Remy, pour servir de Courbeau et six jours plus tard la funèbre escouade se complète par l'arrivée d'Apt, de Mathieu Cécilien et de la fille Jeanne. Cette dernière figure dans l'état des comptes comme ayant été préposée aux lessives des infirmeries, une besogne non moins héroïque, le lessivage des dépouilles des pestiférés.

*
* *

L'affolement est à son comble, la ville continue à se dépeupler.

L'hôtel de ville avait même été déserté, les conseillers et les membres du comité du bureau de santé tenaient leurs séances sous les grands arbres du jardin d'un de leurs membres M. Etienne François de Leuctres, seigneur de Canillac au dehors des remparts. C'est dans un de ces conseils que fut prise une délibération dont on pourra peut-être accuser la cruauté mais que pouvait légitimer la responsabilité du salut public.

Une des rues centrales la rue de Ga-chon, aujourd'hui rue du Four, avait toutes ses maisons infectées par le fléau ; la place manquant au cimetière on avait dû ouvrir une tranchée à l'extrémité de cette rue pour y jeter les cadavres hâtivement roulés dans un linceuil, car nous n'avons retrouvé aucun compte de menuisier pour fabrication de cercueils. *Note C, page 59.*

Le conseil du bureau de santé décrète alors qu'il y a lieu d'isoler ce centre pestilentiel de contagion et ordonne de murer les deux extrémités de cette rue dont les survivants ne furent pas cependant abandonnés pour les secours humains, car on faisait passer à ces parias des aliments par une échelle ainsi que des sacs de chaux vive pour brûler les cadavres.

Aucun de ces malheureux ne sortit vivant de cette lugubre enceinte, car nous trouvons au folio 255 du registre des comptes le libellé suivant: « A cinq personnes employées par le sieur Audibert pour lever le *débrit (sic)* de la rue de Gachon, 5 livres. »

La ruelle était donc restée fermée pendant deux mois et demi. Une tradition locale dit même qu'on y trouva de l'herbe très haute : horrible végétation cadavérique !

** * **

Nous ne nous attarderons pas sur le dépouillement du registre nécrologique du vicaire, où nous ne relevons après la dernière date citée qu'un nouveau décès de *courbeau* et celui du père Guillon desservant le couvent des religieux Observantins, Notre-Dame de Pitié, sur la colline du Puech.

Cette crête de colline était entièrement couverte de baraques ou cabanes servant de quarantaine aux malades guéris mais tenus en respect par des sentinelles jusqu'à l'expiration de leur réclusion sanitaire. (*Note D, page 41.*)

Le 1er septembre. Décès du frère Pierre Vachert, ermite ; le 2 le maître d'école et le 7 du même mois le frère d'Antrechaux un autre religieux Observantin.

Nous avons à la date du 1er septembre un acte bien autrement important à mentionner, c'est la réunion du bureau de santé et la délibération qui consacre dans la plus tristement solennelle de ses séances le vœu mémorable dont l'accomplissement s'est perpétué jusqu'à nos jours.

Nous copions cette pièce enregistrée dans les archives de Me Autard, le prudent notaire qui libellait ses testaments à cinquante pas de distance, aujourd'hui aux minutes de Me Edouard Lautier, notaire à Noves.

Enregistration du veu fait par le Bureau de la Santé du lieu de Noves

Du premier septembre mil sept cent vingt-un, le bureau de santé de ce lieu de Noves, créé à cause de la contagion, ayant été convoqué et assemblé à la campagne sous les gros arbres du jardin de M. de Canillac, au quartier de l'Espassier, le long du petit chemin allant audit jardin, au son de la cloche, ont été présents : M. Jean Guibert, lieutenant de juge ; sieur Etienne Jourdan, maître tailleur d'habits, second consul de la communauté (le sieur Denis Rousset, maître chirurgien, premier consul, son collègue étant mort depuis quelques jours de la peste) comme aussy présent noble Estienne-François Deleutre, seigneur de Canillac, MM. Denis Paul et Antoine Anselme frères, M. Jean Vachel, major, M. Antoine Ignace Robert, M. François Roux, M. Balthazard Rossignoly, M. Jacques Chieusse, M. Louis Chabert, bourgeois, sieur Joseph Abely, maître apoticaire et autres principaux habitants, tous officiers municipaux, dudit Noves composant ledit bureau.

Le bureau de la santé voyant que le mal qui a attaqué ce pauvre lieu de Noves depuis le 16 du mois d'août dernier continue d'enlever ses habitants de la manière du monde la plus extraordinaire sans pouvoir estre secoureus d'aucun remèdes de la main des hommes, que la plus part desdits habitants qui paroissent jouir d'une santé parfaite tombent dans un instant et perdent d'abord la vie, ayant plutost besoing du secours des courbeaux (*fossoyeurs*) pour porter leurs cadavres dans la fosse que de celui des chirurgiens et apoticaires pour leur fournir des remèdes que la violence du mal ne leur donne pas le temps de préparer.

Voyant dis-je par ce fléau terrible que Dieu est justement irrité par tant d'offenses commises contre sa majesté sacrée, ledit bureau a jugé qu'il falloit s'attacher uniquement à implorer le secours de la divine Providence afin qu'il lui plaise pardonner nos crimes et fere cesser un tel fléau.

Et parce qu'il est nécessaire d'avoir des protecteurs auprès d'elle pour lui présenter nos très humbles prières et suplications afin qu'elles soient plus facilement exaucées, ledit bureau a ces fins a pour tous les habitants imploré le secours des bienheureux saint Roch et saint Sébastien afin qu'il plaise au bon Dieu par leurs intercessions accorder aux habitants dudit Noves et son terroir la rémission de leurs péchés et la délivrance de la contagion.

Et à ce sujet a ledit bureau fait veu tant pour lui que pour tous lesdits habitants de faire construire dabord, après la délivance de ladite contagion, une chapelle à l'honneur desdits saints qui sera désignée au costé droit en entrant dans l'avant chapelle du couvent de Nostre-Dame de Pitié deservie par les Révérends Pères Observantins qui en temps de peste seront toujours obligés de servir sans néantmoins retrancher en rien la longueur et largeur de la dicte avant chapelle qui sera construite par attenance au dehors de la dicte chapelle avec l'autel au fonds d'icelle qui y fera face.

Et en attendant la fin de nos maux et la consommation du présent veu par la construction de la dicte chapelle, ledit bureau trouve bon qu'à la fin de cette assemblée en vrai témoignage de son veu lesdits officiers municipaux seuls ici assemblés aillent en procession teste et pieds nus, la corde au col, précédés et suivis par deux fusilliers pour esviter concours, fera amende honorable jusques à l'oratoire qui est sur le grand chemin allant au couvent desdits Révérends Pères Observantins ne pouvant aller plus loin a cause des carantenaires qui sont audit couvent et là chascung dira à voix basse et à genoux besant la terre le *Miserere mei* et les hymnes desdits saints, et les mesmes pseaumes et hymnes seront ainssin récitées en allant et revenant dudit oratoire pour obtenir par l'intercession desdits saints la délivrance de la dicte contagion, et à ces fins que Messire Jean-François Deville, prêtre et vicaire de ce lieu sera prié venir pour adsister à cette procession et amende honorable dans le mesme estat c'est-à-dire teste et pieds nus, la corde au col et offrir, étant audit oratoire pour tous lesdits officiers municipaux qui seront à sa suite, le présent veu à l'église dudit couvent que chascun regardera de loin à genoux avec un profond respect.

Et qu'à pareil jour de ce jourd'hui premier septembre il sera à l'avenir perpétuellement fait une procession solennelle dans la chapelle des

dits bienheureux Saint Roch et Saint Sébastien
qui sera, comme dit est, construite audit couvent
à laquelle assisteront Messieurs les prêtres de la
paroisse et magistrats dudit Noves aussi teste et
pieds nus et la corde au col sauf en cas d'incom-
modité, vieillesse ou délicatesse s'en fere lesdits
magistrats à l'égard de la nudité des pieds tant
seulement dispenser par le sieur vicaire de la dicte
paroisse, et célébré dans icelle chapelle une grande
messe alternativement a l'honneur de l'un desdits
saints le tout pour servir au renouvellement du
présent veu qui a été fait ainssin que dessus exé-
cuté ce jourd'hui premier septembre mil sept
cent vingt-un.

Ayant ledit bureau requis Monsieur Denis Anselme bourgeois dudit Noves l'un des commissai-
res dudit bureau de santé qui a dressé le présent
de le signer pour tous les susnommés pour esviter
la communication qui arriveroit si chascun me-
toit la main sur cette feuille, et d'en expedier un
duplicata sous son ditment à mestre Claude Autard notaire et greffier dudit bureau que ledit
mestre Autard signera pareillement pour tous
pour estre ensuite l'un ou l'autre en temps et lieu
registré tant dans les cayers de l'office dudit
mestre Autard notaire que dans le registre des
délibérations du Conseil de ladite communauté.

Fait audit Noves ledit jour premier septembre
mil sept cent vingt un. — Signé Autard notaire et
greffier commissaire de santé, à l'original qui sera
gardé par nous dit notaire l'ayant enregistré pour
le rendre public audit Noves ce jourd'hui 14ᵐᵉ
jour du mois de Février 1722, en foi de ce me suis
saubsigné.

Signé : AUTARD.

Contrôlé à Noves le 28 Février 1722 s^t six sols.

Signé: ROUYER.

Tel est ce document dans toute sa saveur de foi ardente et de primitive orthographe que nous nous sommes fait un devoir de respecter parce qu'elle est, malgré près de deux siècles de la date, restée lisible encore pour tous.

La première exécution du vœu eut-elle lieu immédiatement après cette mémorable séance ? Il est permis de l'affirmer si nous nous rapportons au texte : « *Le dit bureau trouve bon qu'à la fin de cette assemblée, les dits officiers municipaux* SEULS *ici assemblés aillent en procession, teste et pieds nus. la corde au col et suivis par deux fusilliers pour éviter tout concours.* »

Ce mot *seuls* accuse parfaitement l'intention de ces bons citoyens de tous âges et de toutes conditions de n'engager que leurs personnes dans cet acte héroïque. Ils ne font aucun appel à la population et se font au contraire un devoir d'écarter tous autres assistants dont le contact forcé et l'agglomération pourraient constituer une regrettable imprudence ; les deux fusilliers sont là pour faire respecter l'ordre exprès. C'est au seul vicaire perpétuel qu'ils font appel, à Messire Deville qui sera prié de venir *adsister* à cette procession et dans le *mesme estat* qu'eux, c'est-à-dire *teste et pieds nuds et la corde au col*, le plus affirmatif symbole de l'humiliation, l'attitude du criminel marchant à l'expiation de ses crimes. L'exemple du glorieux Belsunce à un un an de date n'était-il pas d'ailleurs un précédent à imiter.

*
* *

On peut se figurer l'émouvant spectacle offert à cette population affolée de douleur par ces douze ou quinze magistrats de la cité (il y en a déjà douze de désignés nominativement dans l'acte) suivis de leur curé, comme eux tête et pieds nus psalmodiant les hymnes sacrés.

Et quelle prudence encore vis-à-vis de leurs concitoyens internés, selon les prescriptions sanitaires si sagement dictées, dans les baraques construites sur le haut de la colline. L'acte du vœu a tout prévu : cette première procession ne devra pas dépasser le premier oratoire érigé au bas de la colline (1) pour éviter tout contact avec les quarantenaires qui sont internés dans les baraques ou à l'intérieur du couvent.

C'est du bas de cette colline, du pied de ce modeste oratoire que les vœux ardents de ces hommes de foi robuste s'envolent de leurs lèvres vers Notre-Dame de Pitié, le dernier recours, la suprême espérance.

*
* *

Nous n'avons trouvé dans les registres paroissiaux aucune trace de document, procès-verbal ou note relatant le renouvellement de la procession votive pendant les années suivantes ; nous savons seulement que le prêtre héroïque qui avait dressé tous les actes de décès et procédé à l'inhumation des pestiférés traversa indemne cette crise et mourut trois ans après dans son presbytère de Noves le 27 février 1724 ; il présida donc trois de ces processions.

La tradition la plus respectable affirme la perpétuation sans lacune de cette

---

(1) Cet oratoire existe encore et les processions modernes s'y arrêtent pour le changement des porteurs de la statue de saint Roch.

cérémonie que n'interrompirent même pas les plus sombres années de la crise révolutionnaire de 93 ; nous en avons trouvé la preuve dans les registres de l'époque. (*Note justificative E, page 42.*)

Pendant les années suivantes, cette procession n'avait plus de raison de s'arrêter au premier oratoire mais avait pour but le vénéré sanctuaire de Notre-Dame de Pitié sur lequel nous avons pu recueillir de très curieux documents historiques. (*Note F, page 43.*)

*
* *

Avant de décrire la procession telle que nos contemporains peuvent la voir et surtout la suivre chaque année avec une ferveur qui ne se dément pas à travers le redoutable courant d'indifférence et d'athéisme de cette triste fin de siècle, nous allons reprendre le fil chronologique des derniers évènements qui marquèrent la cessation complète du fléau.

Constatons d'abord l'accalmie qui se produisit immédiatement après la première exécution du vœu.

L'état civil du vicaire Deville n'inscrit que deux décès le 9 septembre, une femme et un enfant ; un seul le 10 septembre ; les dates des 11 et 12 sont indemnes et en blanc. Le 13 et le 14, un seul décès par jour, le 15 trois décès et, de cette date jusqu'à la cessation absolue du fléau le 26 septembre, un seul décès chaque jour.

L'état sanitaire reprend dès cette date la moyenne normale des décès car le registre mortuaire n'en mentionne aucun pendant le mois d'octobre suivant et le premier que relate le registre du bon vicaire est à la date du 6 novembre, c'est celui de noble et illustre dame Marie-Rose de Gabrielly, épouse de Messire Estienne-François de Leuctres seigneur de Canillac, dans le jardin duquel fut rédigé et signé le vœu ; et le rédacteur a soin d'ajouter une note technique, *morte d'hydropisie*, pour rassurer la population.

***

Dans ce mois d'octobre plusieurs convalescents ayant purgé leur quarantaine commencèrent à abandonner leurs baraques pour rentrer en ville et deux contrôleurs spéciaux, les sieurs Joseph Jourdan et Espérit Lombard veillent avec un soin rigoureux à ce que les dates soient strictement respectées. Cette tâche n'était, paraît-il, pas facile, car ces préposés avaient souvent à faire à des impatients de dévancer l'heure et de violer la consigne.

Nous en trouvons une curieuse preuve dans la mention suivante, page 188 du registre d'ordre.

Du 10 octobre: « Mme Rousset hostée (*enlevée* en vieux langage) d'une cabane proche les infirmeries a été mise dans une chambre proche Nostre-Dame de Pitié, en prison à cause des *menasses* (*sic*) quelle faisait. »

La bonne dame, veuve du malheureux docteur Rousset, une des premières victimes, n'était paraît-il pas commode à garder, mais les contrôleurs n'entendaient pas badinage, elle n'avait pourtant que sept jours à attendre sa délivrance règlementaire car nous trouvons dans le même registre, folio 207, du 17 novembre, Mme Rousset et ses deux fils sont rentrés dans leur maison, sortis de la chambre où elle avait été mise, (en prison). (*Note G, page 45.*)

La Procession moderne

Nous avons pu reconstituer, non seulement par la pensée, mais encore avec tous les documents à l'appui, la fidèle observance du vœu de nos pères dans les siècles de foi vive où le respect d'une promesse était un lien moral inviolable ; mais notre admiration pour les arrière-petits fils des Novains du siècle passé doit être aussi vive que sincère en voyant ce pieux concours, cette manifestation d'expressive reconnaissance, grandir chaque année.

***

C'est le 6 septembre 1897 qu'il nous fut donné de contempler pour la première fois cette inoubliable démonstration religieuse.

La jolie petite ville, déjà envahie dès la veille, pour la première partie de ces fêtes religieuses, celle de saint Baudile fête patronale de la cité, vit déborder dès les premières heures de la matinée du 6, une innombrable foule déversée par les premiers trains ou par les plus pittoresques équipages campagnards attelés des vigoureux chevaux si communs dans ces pays d'élevage.

Le ciel est menaçant, quelques fines ondées sont tamisées par des nuages floconneux mais la confiance est absolue et les groupes se forment nombreux sur la place de l'église où des essaims de jeunes filles en robes blanches si gracieuses sous les attraits de la coiffure locale, se partagent les rôles de porteuses de bannières ou du brancard de la sainte Vierge.

On voit ensuite sortir du porche les porteurs des statues votives, de saint Sébastien et saint Roch. Le brancard de cette dernière est porté par quatre hommes *aux pieds nus* revêtus d'une blanche tunique de pénitents. C'est la première partie du vœu, rigoureusement respectée. Le second terme, la corde au cou, est un peu mitigé car la corde n'est portée qu'en ceinture de la blanche cagoule; mais n'est-il pas très suffisamment remarquable qu'on trouve chaque année des hommes de foi se disputant l'honneur de remplacer les vieillards qui ont rempli pendant toute leur vie ce rôle envié, et légué comme un titre de noblesse aux familles dans lesquelles on peut entendre dire avec orgueil : « Notre père a été, pendant trente ou quarante ans, prieur de saint Roch. »

Voici la musique locale qui se groupe devant les statues et le nombreux clergé qui sort de l'église. (*Note H, page 46.*)

Derrière, fermant le cortège, une trentaine de personnes au plus ; et si j'insiste sur ce chiffre si infime au départ, ce n'est que pour établir très sincèrement le premier nombre d'une addition dont nous allons bientôt constater le total formidable.

La tête de la procession atteint à peine le bout de la grande rue centrale que déjà les premiers rangs de femmes se sont sextuplés par l'adjonction de toutes celles qui attendaient sur le seuil de leur demeure le moment de s'y joindre.

La musique attaque sa première fanfare ; c'est une marche triomphale très largement scandée, et la fin du cortège s'ébranle à cet harmonieux signal. Cette dernière partie de la procession, hommes de tous âges et de toute condition, grossit à chaque pas dans les mêmes proportions que les rangs de femmes. De mâles accents chantent les répons des hymnes entonnés par le clergé, alternant avec les marches de la fanfare.

Un cantique provençal en l'honneur de saint Roch, d'une touchante naïveté, rappelle la reconnaissance du vœu bicentenaire, et la procession grossit toujours.

C'est bien un peu moutonnier comme défilé, malgré la peine prise par le digne curé et un zélé collaborateur pour veiller à l'alignement.

C'est par rangs de six, de huit, de douze même que les hommes se pressent à la fin du cortège, mais la pieuse mêlée atteint quand même l'effet grandiose signalé par le poète comme un effet de l'art.

La procession défile devant un grand café du boulevard ; il y a là deux cents hommes, indigènes ou des régions voisines, attablés devant des *apéritifs*. Le défilé qui se forme oblige le cortège à s'arrêter précisément devant ce lieu de réunion profane et la fanfare fait éclater ses notes stridentes.

Sont-ce des protestataires ? Non, tout au plus des hommes égarés par les passions politiques aptes à engendrer le respect humain; mais ces passions ne peuvent jamais complètement détruire l'amour du clocher et briser le fil du patriotisme local, car tous ces hommes viennent de se découvrir respectueusement devant les statues vénérées; ils ont vu défiler leurs femmes et leurs filles avec une très légitime satisfaction d'amour-propre. Ces spectateurs inconscients de leur rôle et qui ont peut-être refoulé une larme d'attendrissement sont d'ailleurs les seuls qui aient pu détailler par le menu tous les assistants de cette procession légendaire englobant tous les habitants, moins cette catégorie de curieux.

Il faut bien qu'il reste quelques spectateurs pour voir passer une procession à laquelle tout le monde assiste.

Le défilé continue par le boulevard extérieur, lice des anciens remparts de la ville. C'est d'un coude de ce boulevard qu'on me fait remarquer le plus pittoresque des spectacles.

Sur la crête de la colline du Puech et déjà sur le seuil de la chapelle de Notre-Dame de Pitié, on peut apercevoir la croix de tête et les premières bannières de la procession, premiers anneaux de cette chaîne humaine qui n'occupe pas moins, à ce moment, d'un kilomètre de développement. Un brillant soleil vient de percer la nue ; cette théorie de femmes et de jeunes filles aux costumes des couleurs les plus variées, pour la plupart de note éclatante, est un spectacle unique et inoubliable qui fait dire à un de mes voisins : « C'est aussi beau que Lourdes ! » Oui comme disposition du paysage et aussi un peu comme nombre, car c'est le moment de révéler le chiffre constaté de ce défilé superbe dont nous avons esquissé le mode de recrutement.

On avait fait, il y a trois ans, au bas de la colline, un pointage, qui avait donné le chiffre de 2,500, on a constaté cette année, sans nouveau pointage, une augmentation évaluée à vue d'œil à plus de deux mille pèlerins en sus de la population locale.

Cette augmentation énorme peut-elle être attribuée à la plus grande facilité des communications depuis l'établissement du chemin de fer ? au zèle d'un nouveau curé très justement épris du culte des traditions ? Nous n'apprécierons pas, mais nous constatons cette recrudescence d'autant plus étonnante, que cette fête religieuse n'a rien d'officiel dans le calendrier de l'Etat.

Il y a moins de vingt ans, que la municipalité locale se faisait un devoir d'observer l'engagement sacré pris par ses ancêtres, les édiles de 1721. On se souvient avoir vu figurer en écharpe officielle, un des adjoints d'une municipalité moderne (1).

L'oratoire

Un arrêt se produit au moment où les statues arrivent devant le petit édicule qui fut le point *terminus* de la première procession improvisée après le vœu de 1721, et nous en avons expliqué les émouvantes causes. C'est encore un motif de pitié et d'humanité qui commande cet arrêt.

La route suivie depuis le départ n'a présenté jusqu'à ce point que des pavés plats ou la surface lisse du chemin macadamisé, mais l'ascension de la colline commence, et cette crète n'offre plus, aux pieds nus des porteurs de la statue, qu'une arête siliceuse pouvant

______

(1) M. Lagnel, député de l'arrondissement, citoyen de Noves.

entamer jusqu'au sang les dermes les plus rigides.

La mutation des porteurs s'opère ici et de vigoureux jeunes gens solidement chaussés enlèvent les brancards et achèvent le trajet jusqu'à la chapelle pour restituer au retour, au même point, les pieux fardeaux.

Nous traversons ici les derniers rangs de femmes qui, refoulés par les premiers arrivés au sommet de la colline et massés sur le plateau, ouvrent avec peine un passage au clergé et aux trois ou quatre cents hommes qui suivent.

La porte de la chapelle est gardée pour permettre au célébrant et à ses acolytes de pénétrer jusqu'au sanctuaire.

Les prières votives sont entonnées ; un chœur de jeunes filles agrémente les chants liturgiques d'un hymne à saint Roch ; la foule reprend le cantique provençal de reconnaissance et la procession reforme ses rangs pour redescendre la colline.

C'est ici le cas de rapporter un épisode qui peut surprendre les curieux ne se rendant pas compte des intentions. Pendant la marche ralentie des statues à la descente de la colline, des femmes de tout âge s'inclinent pour passer sous les brancards qui soutiennent les statues de saint Roch et de saint Sébastien, le plus grand nombre avec un enfant dans les bras.

C'est le résultat d'une croyance qui veut que cet acte assez étrange attire une protection plus spéciale des patrons vénérés sur leurs têtes et celle de leurs enfants (1).

Le fait se reproduit à chaque pas jusqu'au retour à la paroisse. Ces rapides traversées très ingénieusement opérées en diagonale pour ne pas entraver la marche des porteurs, n'ont pas toutes le même succès et celui des porteurs qui reçoit sur ses orteils dénudés le coup de talon d'une femme, même celui de la plus fine bottine, voit aggraver péniblement son acte de pénitence. Le fait n'est heureusement pas

____

(1) J'ai été témoin de démonstrations de la même nature il y a quelques années à Argenteuil, près Paris, où de nombreux fidèles tenaient à honneur de passer sous la châsse de la *sainte Tunique*. On ne pouvait accuser là aucune exubérance d'exaltation provençale.

commun et reste à l'honneur de l'agilité des Novainques et du dévouement des brancardiers.

* *

Un autre honneur qui rejaillit sur cette bonne population de Noves si religieusement soumise à ses patriotiques traditions par l'observance de ce vœu solennel dont nous nous sommes faits avec plaisir l'humble historien, c'est la charitable et sublime attitude des autorités locales qui firent face, il y a bientôt deux siècles, à l'épouvantable catastrophe qui frappa leur cité. Sans ces mesures énergiques mais si intelligentes qui furent prises dès la première heure, la ville eût été plus que décimée par le fléau comme l'avaient été les autres villes et villages de la région dont nous avons fourni le parallèle.

La création d'infirmeries, de quarantaines où, riches et pauvres, sont soumis aux mêmes lois en vue de la protection générale, curieux détails que nous avons relatés dans les notes complémentaires; le dévouement absolu des plus hauts comme des plus hum-

bles qui va jusqu'au plus sublime sa-
crifice ; ce sont là de vrais titres de
noblesse, des parchemins irrécusables
transmis à travers les âges qui peuvent
rendre les Novains justement fiers
d'avoir eu de tels ancêtres.

STÉPHEN D'ARVE.

Notes Justificatives

Note A. — Nombre des personnes employées aux infirmeries le 18 août 1721. Arrivés : Picard, chirurgien ; Tarematte ; Toulouse ; Boudeloune et une boame (*Bohémienne.* — *On acceptait toutes les bonnes volontés*). La femme d'Antoine Blanc, le fils de Jean André. Le lendemain Antoine Fellon apelé *l'Astre du Trou*. Ledit Fellon est mort le 22 août, la femme de Blanc est morte le 25 et le fils André le 27. La mort n'épargnait pas ces courageux infirmiers.

Note B. — Nous avons relevé textuellement le protocole d'un de ces testaments.

Fait et publié à la campagne au derrière du logis de la Fleur-de-Lys (aujourd'hui café Alazard) devant la porte Notre Dame ; à une distance de cinquante pas des uns aux autres, me tenant au-dessus du vent. Présents sieur Henri Carrat et Jean Ricard, fils de Jean Bourgeois, dudit lieu, témoins requis, n'ayant pas souffert que personne se soit signé dans mon présent registre pour éviter la communication à cause du mal contagieux, n'y ayant que moi seul qui soit signé.

Signé : AUTARD, notaire.

Note C. — C'est à ce moment que le bureau de santé fait un charitable appel à la population pour obtenir le don de linceuls, draps de lits, pour les infirmeries qu'on venait d'établir et aussi comme suaire des morts privés de cercueils.

Cette liste des donateurs a été religieusement conservée et nous la donnons tout entière parce que nous supposons à juste titre que les Novains de nos jours y retrouveront avec émotion de charitables ancêtres.

ÉTAT de ceux qu'ont donné un linseul chascun pour les infirmeries des malades :

Le sieur Antoine Rass's.
» Balthezard Roussignoly.
» Jean Guibert.
Monsieur de Canillac.
Le sieur Esprit Durand.
» Jean Pierre Jourdan.
» Claude Aulard, notaire.
» Antoine Mazier.
» Barthelemi Chabrier.
» Joseph Abely.
» Jacques Chabrier.
» Paul Ancelme.
» Henry Cavra.
» Jean Vachet.
» Louis Chabert.
» François Meynaud.
» Nicollas Brun.
» Antoine Ignace Robert.
Monsieur Senchon, juge.
Le sieur Jacques Chieusse.
» Charles Rousset
La vefve de Louis Bayot.
Le sieur Antoine Ancelme.
» André Durand.
» Pierre Bast.
» Laurent Roux.
» François Roux.
La vefve de Jean Ricard.
Le sieur François Baudely Ricard.
» Marc Rouyer.
» François Baudely Roux.
» Jean Ricard.
» Louis Seau.

Le sieur Pierre Reynard.
La vefve Marthe Darbousset.
    »   Pierre Ricard.
    »   Nicollas Chauvet.
    »   Nicollas Deschamps.
    »   Laurens Vache.
    »   Denis Ancelme.
    »   Denis Bieulet.
    »   Claude Vachet.
    »   Jacques Ricard.
    »   Blaise Meyssonnier.
    »   Jean Louis Achard.
    »   Antoine Lebrat.
    »   Nicolas Ulpian.
Sieur Jean Aurran.
Fils dudit Jean Aurran.
Le sieur Jean Roux.
    »   Joseph Ricard fils de Jean
    »   Pierre Roux.
    »   Etienne Jourdan, second consul.

Note D. — La milice locale se composait de 46 hommes, savoir : un capitaine, le sieur Antoine Lombard, son lieutenant Charles Lombard (1), celui-ci est emporté par le fléau le 26 août, et remplacé par Claude Perrier, deux sergents, les sieurs Charles Reynard et Antoine Gimet, et 36 simp'es soldats.

Cette milice était employée à la garde des portes de la ville, à celle des infirmeries, des quarantenaires et du camp des pauvres. Le détail de ce qui fut fourni comme subsistance à cette milice prouve la sollicitude de la municipalité à leur égard.

---

(1) La famille Lombard compte encore de dignes descendants à Noves ainsi que celle des Vachet bienfaiteurs désignés dans la note précédente qui sont les ascendants d'une autre bienfaitrice de nos jours, Madame Clauseau : la bienfaisance héréditaire.

Nous transcrivons du registre du contrôleur ou payeur municipal les chiffres suivants :

Payé pour les soldats du 20 août 1721 au 17 janvier 1722;

Pour 97 quintaux 5 livres 1|2 chair de motton (mouton), 136 livres; Vin, 181 barreaux moins 1 pot.

On peut en rapportant les mesures anciennes à celles de nos jours, voir que ces gardiens de la cité ne manquaient de rien.

Une autre note des registres nous donne la répartition de cette milice aux divers postes à surveiller.

« La ville d'Avignon et le Comtat Venaissin ayant été attaqués dudit mal contagieux : par ordre de M. le marquis de Chasse, a été mis 7 sentinelles et fait 7 baraques pour garder le long de la rivière de Durance dans le terroir de Noves, pour empêcher les gens du Comtat Venaissin de passer en Provence. »

1re baraque à Peyrevert,   3 hommes et 1 caporal
2me au basteau,   id.   id.   id.
3me aux îles de la Barthalasse,   id.   id.   id.
4me sur la colline du Puech,   4 id.   id.   id.
5me à Cabane-Vieille,   3 id.   id.   id.
6me aux îes du Roucas-Tailla,   id.   id.   id.
7me mêmes îles près Château-
renard. . . . .   id.   id.   id.

« Ces divers postes occupaient une longueur de près de 5 kilomètres. »

Note E. — L'an mille sept cent nonante-deux et le seize août, après avoir chanté une grand' messe à l'honneur de saint Roch et avoir fait la procession publique, les bailles anciens et nouveaux de cette confréie se sont assemblés devant nous pour procéder à l'élection de nouveaux bailles.

AUBERT, curé.

St Roch, g. messe sans procession, 17 août 1893.

St Roch, g. messe avec procession, 16 août 1797.
Le 16 août 1801 et les années suivantes.

L'an mil huit cent quatre et le trois septembre de retour de la procession faite à Notre-Dame de Pitié, à raison d'un vœu fait en temps de peste.

(Régistres de la paroisse de Noves.)

Il est probable que la procession du vœu eut lieu dans les années où elle n'est pas mentionnée ; puisque celle de saint Roch avait lieu, et si les temps peu favorables laissaient la liberté de célébrer la première, pourquoi aurait-on empêché celle du mois suivant ?

Note F. — Les origines de ce sanctuaire de Notre-Dame de Pitié sont très humbles. Ce n'était au XV⁰ siècle qu'un ermitage avec un oratoire. La petite chapelle primitive était probablement ce qui sert aujourd'hui de sacristie dont la porte, de style beaucoup plus ancien, assigne une date bien antérieure au chœur actuel dont la voûte porte la date de 1630.

Par un acte du 1ᵉʳ septembre 1632 reçu par Salle notaire à Noves, le sieur Guibert maître *masson* donne quittance au sieur Henri de Vassaux, prieur de Notre-Dame de Pitié, des frais de la construction de la chapelle primitive dont nous relatons la date. La chapelle adhérente à droite en entrant est le résultat du vœu qui en décrétait la construction.

Un autre acte neuf ans plus tard, même notaire, mentionne l'installation des Religieux Observantins, (branche des Franciscains) à Notre-Dame de Pitié. Cette installation est reconnue par un autre acte du 4 septembre 1641 (François Mérindol notaire à Noves) dans lequel le Recteur de ladite chapelle, les consuls et conseillers de la commune, en vertu de la délibération du conseil « donnent aux Révérends Pères Religieux frères mineurs de l'étroite observance Réguliers » la chapelle construite sur la montagne dite du *Puech*, terroir dudit

Noves; soubs le nom de Notre-Dame de Pitié avec toute la place et circuit qui sont cultivés autour, ensemble tous les ornements, *vestements*, lampes, chandeliers, etc. etc.

Les Révérends Pères seront tenus de faire faire le service de ladite chapelle perpétuellement par deux religieux de leur ordre qui pourront tenir un frère laiz. Ils ne pourront rien demander à la commune, *fors en temps de contagion.*

Nous savons par le registre des dépenses que le couvent était, au moment de la peste, occupé par deux Pères et un frère, les Pères Guillion et Reynaud et le frère d'Antrechaux qu'i's prirent part aux distributions de secours du bureau de santé et le nécrologe nous apprend aussi que tous succombèrent victimes de leur dévouement à leur ministère auprès des pestiférés qui entouraient le couvent ainsi que le P. Vachet nommé recteur de la chapellenie le 27 août 1721.

Nous savons d'autre part que ces religieux, auteurs des constructions latérales à leur chapelle, qui s'étaient interdit dans l'acte précité de rien demander à la commune de Noves, tiraient leurs ressources de la création d'une maison de correction paternelle, soit des pensions que leur servaient des pères de famille confiant aux bons Pères des enfants vicieux ou insoumis que cette tutelle religieuse remettait dans le bon chemin plus facilement que ne savent le faire nos Pénitenciers modernes.

Dans un rapport intitulé : *Suppressions à faire par le chapitre national des Cordeliers tenu en 1770,* on lit :

Province de Saint-Louis. — On peut supprimer d'après l'avis de Mgr l'Archevêque les couvents de Trets, de la Tour-d'Aigues et de Pelissanne. Monseigneur voudrait même que l'on supprime Saint-Pierre de Canon, mais l'ordre y sera trop attaché par le profit qu'il fait sur ses pensionnaires.

Le couvent de Saint-Pierre de Canon résista à cet édit (c'est aujourd'hui l'Œuvre de Dom Bosco avec les mêmes bienfaisantes attributions) mais celui de Noves fut supprimé, nous en trouvons la preuve dans les protocoles de Maître Gueymard, notaire à Noves par lequel la commune reprend ses droits sur le couvent et la chapelle de Notre-Dame de Pitié en vertu de l'édit du Roy et de l'arrêt du Parlement de Provence (14 juillet 1775) qui permet aux Religieux de vendre le couvent de Noves.

Quelques années après cette date le couvent attenant à la chapelle fut vendu à Mme Auran, épouse Madier, arrière grand'mère de Mme Clauseau à qui la ville de Noves doit la construction et le don d'un vrai palais scolaire qui vient d'être offert par la bienfaitrice à l'école libre des Sœurs.

Note G. — Il résulte du registre des comptesgénéraux des fournitures faites aux quarantenaires, que la bonne dame ne manquait ni d'égards, ni de vivres, bien que plus strictement surveillée dans sa chambre isolée : nous trouvons ce curieux détail.

A Madame de Rousset estant en quarantaine avec 2 de ses enfants, du 26 août au 17 novembre.

Chair de motton.......	13 livres 6 deniers
Pain...................	73 livres
Vin...................	10 pots
Œufs.................	1

Cette unité pour ce dernier article est d'autant plus incompréhensible que le chiffre 1 est encore effacé par deux petites barres. Elle aurait donc même refusé le seul œuf fourni, ce qui pourrait témoigner de son dégoût instinctif pour les œufs et les omelettes.

Ce registre accorde la particule à Mme de Rousset, elle devait être justifiée. Il existe encore dans le Gard et l'Hérault des familles de Rousset qui se prétendent originaire de Provence

Note H. — M. l'abbé J. Duffourt, *curé* de la paroisse, qui s'est réservé la surveillance générale et la direction de la procession. M. Ricard, curé d'Aureilles, célébrant, et sept ou huit prêtres assistants : MM. Guisolphe, curé d'Eyragues ; Nicolas, curé de Fontvieille ; Richaud, curé de Graveson ; Chabert, curé de Lansac ; Bonnet, curé de Verquières ; Casteran, vicaire d'Orgon ; Jacquier vicaire d'Eyragues ; diacre et sous-diacre.

Mgr l'Archevêque d'Aix devait présider cette année la fête ; mais la coïncidence du sacre du nouvel évêque de Digne, Mgr Hazera, qui avait lieu le même jour, a privé la paroisse de cet honneur qui n'est qu'ajourné.

Nous ne pouvons terminer cette étude sans déclarer par loyauté non moins que par reconnaissance que nos recherches ont été précieusement secondées par M. Édouard Lautier, conseiller d'arrondissement et notaire à Noves, qui a mis à notre service les riches archives de son étude, et fouillé avec un zèle d'érudit et de patriote dévoué les documents non moins précieux des registres communaux.

S. D'A...

Aix, Impr. J. NICOT, rue du Louvre, 16 — 7527